D1726926

Impressum
Copyright: © 2013 Dr. Götz Blome
Druck und Verlag: epubli GmbH, Berlin,
www.epubli.de
ISBN: 978-3-8442-6330-5

Der Sinn,
den wir verloren glaubten,
weil das Verständnis uns verloren ging,
gibt uns allein die Wirklichkeit
und nicht die Welt mit ihrem Schein:
woraus wir leben,
ist das Sein.

Götz Blome

Der Götterberg

Eine Geschichte vom Sinn des Lebens

Es war einmal ein König, dem man den Beinamen »Der Weise« gegeben hat und dessen Regierungszeit in die Geschichte seines Landes als das »glückliche Zeitalter« eingegangen ist. Denn unter seiner Herrschaft gab es weder Kriege noch Hungersnöte, weder Seuchen noch Katastrophen. Dabei war sein Land so unermesslich groß, dass er niemals, so weit er auch gereist war, seine Grenzen erreicht hatte.

Als seine Zeit auf Erden abgelaufen war, rief er seinen Sohn zu sich und sagte: »Du hast nun alles gelernt, was du für dein schweres Amt wissen musst. Du kennst die Geschichte unseres Landes, das Finanz- und Kriegswesen, die Rechtsprechung, die Philosophie, die Kunst und die Religion. Ich habe dir die besten Lehrer unseres Landes gegeben, damit du einst zum Segen unseres Volkes wirken kannst.

Allein hierfür wirst du auch eines Tages all die Vorrechte, die Macht und den Reichtum von mir erben, nicht aber zu deinem persönlichen Besitz und Vergnügen. Denn auch du, so mächtig du sein wirst, bist nur der Untertan eines noch größeren Herrschers, der jenseits unserer Grenzen in einem Land herrscht, das kein Sterblicher je betreten hat.

Ich werde euch bald verlassen und die Reise dorthin antreten, um ihm Rechenschaft abzulegen.

Du aber, mein Sohn, vergiss nie, dass ich dir die Herrschaft über unser Volk nur in seinem Auftrag übergebe. Es ist eine Aufgabe, an der du dich bewähren und groß werden sollst.

Ich habe sehr wohl bemerkt, dass du alles, was deine Macht und dein Ansehen fördern konnte, bereitwillig gelernt hast, dass du aber allen Beschwerlichkeiten, die nicht unmittelbar diesem Zweck dienten, ausgewichen bist. Deshalb hast du dich auch stets geweigert, mich bei dem gefährlichen und schweren Aufstieg auf den Götterberg, den ich zu bestimmten Zeiten unternahm, zu begleiten.

Ich habe dich gewähren lassen, denn ich hoffte, dass du mit der Zeit klug genug werden würdest, um zu erkennen, dass auf ihm das Geheimnis unseres Glückes liegt. Jetzt aber bleibt keine Zeit mehr, und ich bitte dich, mich auf meiner letzten Reise dorthin zu begleiten, damit du es erfährst. «

So zog er mit seinem Sohn zu jenem geheimnisumwitterten, mächtigen Berg, dessen Kuppe in unendliche Himmelshöhen aufragte, und nahm diesmal auch seinen Hofstaat mit. Sie reisten gerne mit ihm durch das flache, grüne Land, labten sich an süßen Früchten, tanzten mit fröhlichen Menschen, badeten in silbernen Flüssen und lagerten auf weichem Moos. Als sie aber an dem Berg angekommen waren und die Wege steil und felsig wurden, als sie die dunklen Wälder sahen, die ihn unten umgürteten, und die schroffen Steilhänge, die sich aus ihnen erhoben, da stimmten sie ein großes Geschrei an und wussten hundert Gründe, warum sie nicht hinaufsteigen konnten.

»Es wundert mich nicht, dass ihr mir nicht folgen wollt«, sagte der König, »denn Kleinmut und Bequemlichkeit sind wahrlich eine schwere Last. Wie solltet ihr, da sie euch wie eiserne Ketten anhängen, in die Höhen steigen können?

Bleibt also hier und wartet, bis ich mit meinesgleichen dort oben war und mich am ewigen Geheimnis gestärkt habe. «

Die Leute waren froh, dass sie rasten und sich weiterhin den Tag mit allerlei Kurzweil vertreiben konnten. Sie fragten sich nur, wen der König gemeint haben könnte, als er von seinesgleichen sprach, denn weit und breit kannten sie keinen anderen König. So nahmen sie an, es sei seine Familie. Doch als er eines Abends bei sinkender Sonne aufbrach, machte keiner von der königlichen Familie Anstalten, ihm zu folgen. Auch sein Sohn brachte viele Einwände gegen das gefährliche Unternehmen vor.

»Warum «, so fragte er, »sollen wir diese Strapazen auf uns nehmen, wenn wir hier in aller Bequemlichkeit das genießen können, was wir haben?
Warum sollen wir auf engen Pfaden bergauf klettern, wenn wir auf breiten Wegen schreiten können? Lass uns um den Berg herumziehen. Wir wollen ihn von allen Seiten betrachten. Das wird genügen, um sein Geheimnis kennen-
zulernen. « Alle pflichteten ihm bei und dachten bei sich: Was für einen vernünftigen Herrscher werden wir einmal haben!

Der alte König aber nahm seinen Sohn beiseite und sagte zu ihm:

«Vergiss nicht den Wahlspruch der Könige:

Großes macht groß, Mühe macht stark, Höhe lässt sehen.

Befolge ihn, wenn du nicht untergehen willst. «

Da ging der Sohn mit ihm, - nicht, weil er verstanden hatte, sondern weil er es nicht wagte, sich dem Alten zu widersetzen.

Als sie ein Stück Weges gegangen waren, blickte er zurück und bemerkte, dass sich ihnen eine Handvoll Männer angeschlossen hatte, die er noch nie bei Hofe gesehen. »Was wollen diese Männer? « fragte er empört, »Dies ist eine Reise für Könige! «

»Du hast recht, mein Sohn«, entgegnete der Alte, »nur wer den Götterberg bestiegen hat, kann König sein. «

»Wer außer mir, deinem Sohn, sollte das sein? «.

»Ja - wenn du dessen würdig bist ... «

9

Sie schritten bergauf, und bald wurde der Pfad so steil und gefährlich, dass sie nur noch mit Mühe vorankamen. Der alte König kannte den Weg und kletterte voran, die anderen folgten ihm.

Aber nach einiger Zeit blieb der Sohn, der solche Strapazen nicht gewöhnt war, mehr und mehr zurück. Er rief ihnen zu, sie sollten auf ihn warten, ärgerlich zunächst und schließlich ängstlich, denn er fürchtete sich in dieser Wildnis, in der schwarze Bäume himmelan ragten, wilde Sturzbäche hernieder brausten und unheimliche Tiere durch das Unterholz schlichen. Vor allem aber bangte er um seinen Herrschaftsanspruch.

Man wartete ein- oder zweimal auf ihn, doch je höher die kleine Gruppe kam, desto unaufhaltsamer zog es sie hinan und desto weniger achteten sie auf ihn. Oft erreichte er sie erst spät in der Nacht, von ihrem kleinen Lagerfeuer geleitet, zerschunden, erschöpft und verbittert. Aber seine Vorwürfe fanden kein Gehör. Sie sahen ihn an, als spräche er in einer fremden Sprache.

So ging es weiter, Tag um Tag. Es wurde immer heller, die Bäume wichen fußhohem Gras, aus dem sich kahle Felsen erhoben, und der Himmel türmte sich über ihnen wie eine gläserne Kathedrale.

Mit einem Male erreichten sie den Gipfel. Der alte König erkletterte einen großen, flachen Felsen, der nach allen Seiten hin weiten Ausblick bot, und sprach zu seinem Sohn, indem er die Arme ausbreitete:

»Dies ist das Geheimnis. Sieh in die Ferne. Dort liegen die Grenzen unseres Reiches. Jenseits des großen Stromes, der so silbern glänzt, leben mächtige, kriegerische Völker. Von hier aus konnte ich immer sehen, ob sie Frieden wollten oder auf Krieg sannen, und die richtige Verteidigung finden. Und dort die Wolken, die sich über den fernen Gebirgen türmen: sie zeigten mir die Unwetter, die Stürme, den Hagel und die Dürre, so dass ich immer Vorsorge treffen konnte. Dort aber, wo soeben die Sonne versinkt, liegt das Reich des mächtigen Herrn der Welt.

Öffne deine Augen, damit du seine Zeichen erkennst, deine Ohren, damit du seine Stimme vernimmst, und dein Herz, damit du verstehst, was er dir zum Wohle deines Volkes aufträgt.«

Er ging auf die Knie, zog den widerstrebenden Sohn zu sich herab und hielt ihn mit eiserner Hand an seiner Seite. Die Nacht brach schnell herein, Nebel stiegen auf und hüllten sie ein. Gewaltige Furcht überfiel den Sohn, und so kniete er, ohne sich zu regen, die ganze Nacht dicht neben seinem greisen Vater, der unbeweglich in die Ferne starrte. Es schien ihm, als höre er Stimmen, und als bewegten sich in den Nebelfetzen Gestalten.

Doch er wagte nicht, genau hinzusehen, und hoffte nur inbrünstig, dass diese Schrecken bald vorübergingen.

Irgendwann begann der Himmel zu schimmern, bläulich zunächst und dann rosa, und dann stieg gleißend die Sonne aus den fernen Ozeanen.

Der alte König wandte sich ihr zu, breitete die Arme aus und sprach, als gebe er jemandem Antwort: »Ja, so sei es!« Dann sagte er zu seinem Sohn: »Nun hast du alles erfahren. - Aber hast du es auch verstanden? « fügte er zweifelnd hinzu. »Ich weiß nicht, was dir bestimmt ist, weiß nicht, welchen Weg du gehen wirst. Du hast etwas Großes erlebt; das Ziel deines Lebens ist, es zu verstehen.

Er blickte ihm tief und prüfend in die Augen, doch der Sohn senkte den Blick.

»Weiter kann ich dich nicht führen, denn hier trennen sich unsere Wege. Heute Nacht habe ich den Aufstieg zu jenem Berg entdeckt, nach dem ich mein Leben lang gesucht habe.«

Dabei wies er auf einen gewaltig aus dem fernen Horizont aufragenden Gipfel, dessen Spitze sich in den rosa schimmernden Morgenwolken verbarg.

»Ihm werde ich nun folgen. Du aber geh zurück und sei ein guter Herrscher. Aber vergiss niemals, hierher zu kommen, wenn die Sonne es dir anzeigt. «

schickte
den Stein.
für   dich
dein   Knie
schen.   Die
»Euch, meine
Begleitern,
treue und unbe-
hen, solange er
eurem   Beistand
dem rechten Weg

Bei diesen Worten übergab er ihm eine kunst-
voll verzierte, goldene Scheibe, in die ein roter
Edelstein eingelassen war. Wenn man sie in
einer bestimmten Weise in die Sonne hielt,
diese einen feinen, leuchtenden Strahl durch
»Sobald der Stein zu leuchten beginnt, ist
die Zeit gekommen, hier auf dem Felsen
zu beugen und dem Mächtigen zu lau-
Scheibe zeigt es dir rechtzeitig an.«
Freunde«, sprach er sodann zu seinen
»bitte ich, eurem neuen König als
stechliche Berater zur Seite zu ste-
sich dessen als würdig erweist. An
wird er erkennen, ob er sich auf
befindet.«

Dann   sagte   er
»Dich   bestimme
nen Scheibe. Stelle sie
die Abendzeit auf den
dass auch er nur ein
Zeit   und

zum Ältesten von ihnen:
ich zum Bewahrer der golde-
meinem Sohn jeden Tag um
Tisch - zur Erinnerung,
Diener des Herrn über
Raum ist. «

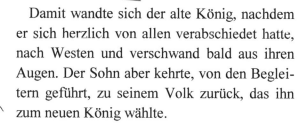

Damit wandte sich der alte König, nachdem
er sich herzlich von allen verabschiedet hatte,
nach Westen und verschwand bald aus ihren
Augen. Der Sohn aber kehrte, von den Begleitern geführt, zu seinem Volk zurück, das ihn
zum neuen König wählte.

Nun begannen vergnügliche Zeiten. Der neue König schaffte manches unbequeme Gesetz, das sein Vater erlassen hatte,  ab und gab seinen Untertanen mehr Raum für ihre persönlichen Wünsche, für Unterhaltung und Zeitvertreib. Jene Männer jedoch, die ihn seinerzeit auf den Berg begleitet hatten, warnten ihn immer wieder davor, die alte Ordnung aufzulösen und Gebräuche abzuschaffen, die er, wie sie sagten, noch nicht verstehe. Anfangs vermochten sie ihn noch zu beeinflussen, doch mit der Zeit nahm er sich andere Berater, die ihm Vorschläge zur Errichtung einer neuen, besseren Welt machen sollten, in der es weder Krankheit noch Mühe, weder Leid noch Angst gäbe. Er trug ihnen sogar auf, Mittel und Wege zu finden, um den Tod zu besiegen.

Der Erfolg schien ihm recht zu geben, denn sein Volk wurde - allerdings noch dank der weisen Vorsorge des alten Königs - weder von Feinden noch von Hungersnöten heimgesucht. So lebten alle in immer größerer Gedankenlosigkeit vor sich hin.

Auch der neue König ergab sich mehr und mehr den angenehmen Zerstreuungen, die ihm der Thron ermöglichte - und wäre da nicht die goldene Scheibe gewesen, die ihn jeden Abend an den unangenehmen Auftrag seines Vaters erinnerte, er hätte sich für vollkommen glücklich gehalten.

So aber überfielen ihn immer wieder Unbehagen und Ban-
gigkeit, wenn er den feinen Strahl der Abendsonne vorwärts
rücken und den Tag des schweren Aufstiegs näher kommen
sah.

Er wagte nicht, die Reise abzusagen, aber er erlaubte doch
seinen neuen Günstlingen, laut zu fragen, welchen Sinn es
hätte, sich einer solchen Gefahr auszusetzen, nur um einem
Aberglauben zu huldigen. Sie befürchteten, dass auch sie ihn
auf den sagenumwobenen Berg begleiten müssten und begannen, ihm Vorschläge zu machen, wie er, wenn er so sehr an
der schönen Aussicht interessiert sei, bequemer und sicherer
hinaufgelangen könne.

Er antwortete nicht darauf, aber im Grunde seines Herzens
gab er ihnen recht. Der Bewahrer der goldenen Scheibe aber
erinnerte ihn mit immer dringlicheren Worten daran, dass es
Zeit sei aufzubrechen.

Schließlich ging der junge König mit seinem ganzen Gefolge auf die Reise. Sie ließen keine Gelegenheit aus, sich zu
vergnügen und zu zerstreuen und kamen in der angenehmsten
Stimmung am Fuße jenes Berges an.

Nur der König wurde zunehmend verdrießlicher und ver-
schob die Besteigung von Tag zu Tag.

Doch die goldene Scheibe mahnte
immer dringlicher.

So machte er sich schließlich voller
Widerwillen an den Aufstieg und for-
derte auch seine neuen Günstlinge auf,
ihn zu begleiten. Als aber der Weg in die
schwarzen Wälder einmündete, blieben sie, einer nach dem
anderen, unter allerhand Vorwänden zurück. Der König verstand sie und beneidete sie darum.

Schließlich war nur noch die kleine Gruppe von früher bei ihm, die auch diesmal wieder eilig und unbeirrt dem Gipfel entgegenzog. Ja, dieses Mal nahmen sie noch weniger Rücksicht auf ihn, gönnten sich kaum Rast und eilten die halben Nächte hindurch. Vergeblich rief er sie an, befahl ihnen zu warten und bedrohte sie sogar. Sie aber achteten nicht darauf, sondern strebten, wie von einer magischen Kraft angezogen, schneller und schneller in die Höhe.

Wieder ging es durch tiefe Schluchten und dunkles Unterholz, über reißende Bergbäche und steile Felsen, höher und höher, dem Himmel entgegen. Endlich erreichten sie den Gipfel, und als sich der König mit letzter Kraft auf den Felsen geschleppt hatte, stand da, die goldene Scheibe und leuchtete in glutrotem Scheine auf.

Er sah seine Begleiter auf die Knie fallen und die Arme ausbreiten und folgte ihnen, wie unter einem fremden Zwang. Sein Blick ging in die Ferne, und er erkannte im Abendschimmer das silberne Band des großen Stromes, das ferne Gebirge mit den Wolkentürmen und die unendlichen Ozeane.

Doch bald versank alles in der Dunkelheit, und wieder stiegen die Nebel auf. Seine Begleiter waren verschwunden.

So war er allein auf dem Felsen, umgeben von Stimmen und Gestalten, und fürchtete sich so sehr, dass er schließlich in besinnungsloser Erschöpfung zu Boden sank.

Als er erwachte, stand die Sonne bereits eine Handbreit über dem Horizont und überzog das Land mit ihrem strahlenden Licht. Mühsam erhob er sich und starrte in die Ferne, doch dort war alles in einen seltsamen Dunst getaucht, der den Blick auf die Landschaften, die Ströme, die Wolken, die Meere und die Gebirge verbarg. Er stand da und erinnerte sich, wie sein Vater seinerzeit die Arme gehoben und »Ja, so sei es! « gesagt hatte.

Doch als er diese Geste wiederholen wollte, da waren ihm die Arme schwer wie Blei, und die Worte kamen ihm nicht über die Lippen.

Die Sonne stieg höher, wärmte seine erstarrten Glieder und gab ihm wieder Mut, so dass er unwillig ausrief: »Was soll dieser Unsinn? Wo bleibt dieser angeblich mächtige Herrscher, den ich hier erwarten soll? Ich sehe ihn nicht und höre ihn nicht, und auch diese Aussicht ist es nicht wert, solche Strapazen und Gefahren auf sich zu nehmen. Ich will es nicht wieder tun! « Er blickte um sich. Da stand nur noch der Bewahrer der goldenen Scheibe neben ihm und warf ihm einen so durchdringenden Blick zu, dass er verstummte und sich wortlos an den Abstieg machte.

Als er wieder im Lager angekommen war, veranstaltete er ein großes Fest, um sich von der Mühsal zu erholen und die seltsamen Ängste, die ihn nicht mehr verlassen wollten, zu vertreiben. Seinen Baumeistern aber gab er den Auftrag, einen sicheren und breiten Weg auf den Berg zu führen, mit bequemen Lagerstätten und ausreichenden Vorratskammern, und ein Lustschloss auf dem höchsten Felsen zu errichten, damit er von dort in aller Bequemlichkeit die Aussicht genießen und den Auftrag seines Vaters erfüllen könne.

Denn ganz wagte er sich ihm doch nicht zu widersetzen und duldete daher auch weiterhin jeden Abend die goldene Scheibe in seinem Zimmer.

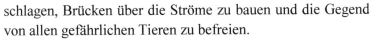

Seine Baumeister begannen, breite Schneisen in die undurchdringlichen, schwarzen Wälder zu schlagen, Brücken über die Ströme zu bauen und die Gegend von allen gefährlichen Tieren zu befreien.

Sie arbeiteten Tag und Nacht, denn wieder rückte der Strahl auf der goldenen Scheibe unaufhaltsam vorwärts.

Und dann war es soweit: Mit einem großen Fest weihte der König die schöne, neue Straße auf den für unbezwingbar gehaltenen Berg ein, und jedermann freute sich darauf, eines Tages selbst hinaufzusteigen. Die Zeit für den Aufbruch war gekommen. Diesmal brauchte der König nicht daran erinnert zu werden - der Bewahrer der goldenen Scheibe hatte ohnehin damit aufgehört. Er hatte sie nur noch jeden Tag stumm auf den Tisch gestellt und sich mit einer Verbeugung entfernt. Dem König war dies recht, denn er wusste auch ohne Worte, dass jener sein Unternehmen verurteilte.

Mit fröhlicher Musik brach man auf. Diesmal musste der König nicht allein hinaufsteigen, sondern der ganze Hofstaat und selbst das Volk drängten nach, so dass er schließlich unter ihnen eine Auswahl traf. Er hatte erwartet, an jener Stelle, an der die Straße in die dunklen Wälder einmündete, wieder auf die früheren Begleiter zu stoßen, doch sie blieben aus.

So zog er, sein Unbehagen darüber durch nichtssagende Gespräche vertreibend, seinem Ziel entgegen. Dieses Mal wurde es fürwahr eine vergnügliche Reise. Es fehlte an keiner Bequemlichkeit, und man hatte nicht die geringste Gefahr zu bestehen.

Ausgeruht erreichte der König den Gipfel, erfreute sich an dem anmutigen Schlösschen, von dessen großen Fenstern aus er die majestätische Aussicht genießen und sich seiner lästigen Pflicht entledigen wollte. Die goldene Scheibe stand bereits auf einem Tischchen am Fenster, und der Augenblick kam näher, da der Stein tiefrot aufleuchten würde.

Der König trat ans Fenster. Er sah die Städte und Flüsse, Straßen und Felder und freute sich an seinem riesigen Besitz.

Dabei aber entging ihm, dass sein Blick nicht mehr über den silbernen Grenzstrom hinaus reichte, und an der Stelle, wo sein Vater ihm einst die gewaltigen Wolken gezeigt hatte, ein großes Gebirge die Sicht in die Ferne versperrte. Man hätte meinen können, er sei nicht auf dem wirklichen Gipfel, sondern auf halber Höhe. Und in der Tat hatten seine Baumeister, als sie bemerkten, dass ihre Künste nicht ausreichten, um den Weg bis auf die himmelragende Spitze zu führen, einfach das Schloss auf einer niedrigeren, ähnlich aussehenden Kuppe errichtet. Der König, in seiner Erleichterung darüber, dass er diesmal so angenehm hinaufgekommen war, bemerkte es nicht.

Er ließ sich seinen Sessel bringen, um den Abend zu erwarten, und als er sah, dass die goldene Scheibe aufleuchtete und

ihr Bewahrer wieder auf die Knie sank, sagte er laut: »Es ziemt sich nicht für einen König zu knien. Ich will den angeblich Mächtigen, von dem ihr mir so viel erzählt habt, hier erwarten und hören, was er mit mir zu verhandeln hat. «

So blickte er hinaus, genoss die großartige Aussicht und erinnerte sich mit Behagen, wie er beim letzten Mal gezittert, gefroren und gelitten hatte. Die Nacht brach herein, die Sterne funkelten, eine kühle Brise zog durch die geöffneten Fenster, und schließlich schlief er in seinem weichen Sessel ein.

Da hatte er einen Traum: Er sah seinen Vater auf dem Berg stehen, wie er es damals erlebt hatte, und stumm in die Ferne deuten. Dort ragten über mächtigen Gebirgen gewaltige, drohende Wolkentürme, in denen Blitze aufleuchteten und Donner grollte. Tief unten aber sah er eine ungeheure Kriegerschar, die im Begriff war, den Grenzstrom zu überschreiten. Ihr Anführer ritt voraus, und auf seiner langen Lanze war ein Kopf aufgespießt. Von eisigem Schrecken durchfahren, erkannte der König, dass es sein eigener war.

Schweißgebadet und zitternd erwachte er und ließ seinen Leibarzt rufen. Dieser war einst ein Taschenspieler gewesen und hatte mit kleinen Zaubereien das Volk auf den Jahrmärkten unterhalten.

Doch er hatte höchste Würden errungen, weil er eine Medizin gegen die bösen Träume gefunden hatte, von denen der König jetzt jede Nacht heimgesucht wurde. Normalerweise nahm dieser sie täglich vor dem Schlafengehen, doch heute hatte er es im Hochgefühl seines Triumphes versäumt. Der Leibarzt reichte ihm die eilends zubereitete Tinktur, und schon war alles vergessen.

Der König sank in einen tiefen, traumlosen Schlaf und erwachte erst, als die Sonne hoch am Himmel stand. In heiterer Stimmung rief er seine Begleiter zusammen. Gemeinsam erfreuten sie sich an dem schönen Ausblick, und einige waren so keck zu behaupten, die furchterregenden Sagen vom Götterberg, die im Volke umgingen, seien reine Ammenmärchen.

Zunächst war es dem König nicht aufgefallen, dass die goldene Scheibe samt ihrem Betreuer verschwunden war. Doch eines Abends fügte es sich, dass er allein auf der großen Schlossterrasse saß, ohne die vielfältigen Unterhaltungen, mit denen er sonst die Stille zu vertreiben pflegte. Sein Blick wanderte über den Horizont, wo die Sonne gerade unterging und einen letzten, glutroten Strahl zu ihm herübersandte. Eine Amsel sang ihr süßes Abendlied.

Da blieb plötzlich einen Herzschlag lang die Zeit für ihn stehen, und er sah vor seinem inneren Auge den roten Stein auf der goldenen Scheibe aufleuchten, die er so lange nicht vermisst hatte.

Von einem tiefen Schmerz erfasst, fühlte er eine unendliche Leere in sich: Wie arm war er gegen diesen kleinen Vogel, der sein dankbares Lied in den Abend sandte!

Zugleich wusste er, dass er in diesem Augenblick auf dem Götterberg erwartet wurde. Sein Herz krampfte sich in schneidendem Schmerz zusammen, und unter Stöhnen sank er in seinem Sessel zusammen.

Man fand ihn und rief den Leibarzt, der ihm sogleich eine Medizin eingab, die er schon seit langem für ihn bereithielt. Nach kurzer Zeit fühlte der König zu seiner großen Erleichterung, wie sich die eiserne Klammer in seiner Brust lockerte. Auch die bösen Ahnungen, die ihn mit so vernichtender Gewalt überfallen hatten, lösten sich auf wie Gespenster im Sonnenlicht.

So pflichtete er seinem Leibarzt bei, als dieser erklärte, es habe sich um die Folge eines schweren Abendessens gehandelt. Dann spielten wieder die Musikanten, und angenehmes Geplauder erfüllte den Abend. Der König aber, froh über die schnelle Hilfe, die ihm sein Leibarzt gegeben hatte, verlieh ihm einen Orden und verlangte, dass das Mittel stets griffbereit sei, denn er fürchtete sich vor einem neuen Anfall. Auch achtete er darauf, dass er nie mehr in den Abendstunden allein auf der Terrasse blieb. Einen Augenblick hatte er daran gedacht, eilig auf den Berg zu ziehen, doch eine seltsame, tiefe Angst hielt ihn davon ab.

Bald darauf hieß es gerüchteweise, feindliche Horden hätten die Grenzen überschritten. Der König sandte Verstärkung dorthin; da man aber nichts Genaues erfuhr, dachte er bald nicht mehr daran. In diesem Jahr gab es auch zum ersten Mal

seit langer Zeit eine Missernte, weil schwere, unvorhergese-
hene Unwetter die Felder verwüstet hatten. Der König beauf-
tragte seine Minister mit dem Bau von Schutzvorrichtungen,
und angesichts der reichlichen Vorräte, die man noch aus
früheren Jahren hatte, machte
man sich keine Sorgen.
Es stellte sich jedoch
heraus, dass man bei
der Lagerung
der Vorräte zu
nachlässig ge-
wesen war und ein großer Teil von ihnen verdorben war. Zugleich mehrten
sich die Nachrichten, dass der Feind,
indem er überraschend angriff, immer
öfter die Oberhand behielt und sich
bereits an mehreren Stellen diesseits des Grenzstromes festzu-
setzen begann. Der König ordnete an, mit der ganzen Trup-
penmacht zurückzuschlagen.

In dieser Zeit geschah es wieder, dass ihm eines Abends,
als er gedankenlos auf die Terrasse hinaustrat, die untergehende Sonne einen so blendenden Strahl ins Auge sandte,
dass er, von furchtbarem Kopfschmerz erfasst, zu Boden
stürzte und sein Hofstaat meinte, der Schlag habe ihn getrof-
fen. Doch auch dieses Mal genas er schnell mit Hilfe des
Leibarztes, der jetzt immer um ihn war.

In dieser Nacht aber sah er sich selbst im Traum mit erho-
benen Händen auf dem Gipfel des Götterberges knien, und
neben ihm steckte eine Lanze in der Erde, auf der sein Haupt
aufgespießt war. In einem seltsamen Taumel widerstrebender
Gefühle, in Seligkeit und Todesangst zugleich, erwachte er
und befahl den sofortigen Aufbruch.

24

Die Straße war lange nicht benützt worden, doch noch immer ermöglichte sie einen schnellen und mühelosen Aufstieg.

Oben angekommen, war er einen Moment lang versucht niederzuknien, doch dann ließ er sich in den bereitstehenden Sessel sinken und starrte in die Ferne.

Alles war in Dunst und Nebel getaucht. Je weiter er blickte, desto verschwommener wurde die Aussicht, und die Gegend, in der er den Grenzstrom wusste, war nur noch als Andeutung zu erkennen. Auch die Ozeane und die fernen Gebirge waren verhüllt. Lediglich ein dunkler, schwarzer Berg, den er früher nicht bemerkt hatte, zeigte seine Konturen.

Beklommen blieb er die ganze Nacht so sitzen und wartete auf den Sonnenaufgang. Doch weder an diesem noch an den folgenden Tagen hob sich der Nebel. Schließlich wurde der König unruhig, ungeduldig und zuletzt ärgerlich und rief aus:

»Was soll ich hier schon finden, indem ich Träumen nachjage! Gebiete ich doch über die besten Gelehrten und tapfersten Krieger, und der klügste Arzt ist in meinem Dienst.« Und so zog er wieder hinab in seine Residenz.

Aber er fand keine rechte Ruhe. Seine Träume wurden immer quälender, so dass das abendliche Mittel verstärkt werden musste. Sein Herz füllte sich mit unerklärlichen Sorgen, obwohl ihm seine Feldherren von glänzenden Siegen berichteten und man eine gute Ernte erwartete. Immer wieder trat er, wie abwesend, hinaus ins Licht der untergehenden Sonne und blickte mit einem Weh im Herzen, das er sich nicht erklären konnte, in die Ferne. So traf ihn eines Abends wieder ein letzter, glutroter Strahl so heftig, dass er ohne Besinnung zu Boden fiel und trotz der stärksten Medizin einen Tag lang nicht zu sich kam.

Als er schließlich erwachte, rief er mit Heftigkeit: »Die goldene Scheibe! Wo ist sie? Schafft sie mir herbei!« Aber niemand aus seinem Hofstaat wusste etwas davon.

Schließlich
ließ er im ganzen Reich verkünden, wer
ihm die goldene Scheibe wiederbringe, solle
zum Dank Minister werden. Als sein
langes Warten erfolglos blieb,
drohte er gar, wer sie vor ihm
verberge,

werde hingerichtet. Doch er wartete
vergeblich.

Nun begann der König dahinzusiechen. Er fand keine Freude mehr an den Zerstreuungen, verlor das Interesse an geistreichen Wortgeplänkeln, rauschenden Festen und üppigen Gelagen und begann, die Erfolgsnachrichten seiner Minister mit misstrauischen Kommentaren zu versehen. Von Zeit zu Zeit ließ er sich auf den Götterberg tragen, doch nur, um nach einiger Zeit, während der er vergeblich in den undurchsichtigen Dunst gestarrt hatte, ärgerlich wieder zurückzukehren.

Der Leibarzt sprach von einem unerklärlichen Klimawechsel, der den Berg ungesund gemacht habe, und auch die neue, wesentlich stärkere Medizin konnte nur noch für kurze Zeit die alte sorglose Stimmung hervorrufen.

So ließ der König eines Tages überall verkünden, wer ihn zu heilen wisse, dem werde er sein halbes Reich geben. Da strömten von überall die erfahrensten und geschicktesten Ärzte herbei, um ihn zu heilen. Sie probierten alle Mittel an ihm aus und quälten ihn auf jede nur erdenkliche Weise; doch wenn es einmal eine kurze Besserung gab, so war er anschließend dafür umso kränker.

Eines Tages erschien ein stattlicher Reiter auf dem Schloss und erklärte, er werde den König heilen. Die Höflinge hatten die Hoffnung darauf längst aufgegeben und sich angewöhnt, alle Heilkundigen wieder fortzuschicken. Doch aus Quellen, die niemandem bekannt waren, drang das Gerücht zu ihnen, dass dieser Reiter der größte Arzt der Welt und zugleich überaus mächtig und gefährlich sei. So ließen sie ihn ehrer-

bietig zum König, der seit langer Zeit nur noch im Sessel sitzen konnte.

»Du kommst, um mich zu heilen?« fragte der König müde und ohne Hoffnung. »Wie willst du das anstellen? Man hat alles mit mir versucht, hat mich geschnitten, gebrannt, gestochen und vergiftet, man hat mein Blut vergossen und meine Lebenskraft zerrüttet. Was bleibt da noch?"

»Ich gebe dir«, sprach da der Stattliche, »ein neues Herz. «

»Ein neues Herz?« fragte der König. »Ein neues Herz, ja, das ist es, was   ich brauche. Mein altes taugt nichts mehr. Die Sorgen haben es verschlissen, und es weiß nicht mehr, wofür es schlagen soll. - Aber«, fragte er, und die Aussicht auf ein neues Herz belebte ihn zunehmend, »wie willst du das anstellen?«

»Das lass nur meine Sorge sein. Du bist nicht der erste, dem ich dazu verhelfe. Aber ich fordere einen hohen Lohn dafür. «

»Du weißt, die Hälfte meines Reiches wird dein sein. Was kannst du mehr verlangen?«

»Behalte dein Reich und deine Schätze. Ich will etwas anderes: dein altes Herz. Du gibst es mir für das neue, und wir sind quitt. «

Der König schwieg, denn er wusste nicht, was er von dem Vorschlag halten sollte. »Was soll mein altes Herz schon wert sein?« dachte er bei sich. Und doch zögerte er.

Da sagte der Stattliche: »Es gibt noch einen anderen Weg zur Heilung; doch er ist beschwerlich und gefährlich, und niemand kann dir dabei helfen. Du musst den Götterberg besteigen. «

»Das habe ich oft getan, aber es hat mir nichts genützt«, winkte der König ab.

»Wenn du es wirklich getan hättest, säßen wir hier nicht beisammen. Aber ich verstehe dich, denn es ist fürwahr ein beschwerliches Unternehmen.

Wenn du dagegen eine schnelle und bequeme Heilung willst, schlag ein.

Ich heile dich, während du schläfst.« Dabei erschien ein abgründiges Lächeln auf seinem Gesicht.

Dem König war bang in der Brust.

Aber die Aussicht, schnell gesund zu werden, lockte ihn zu sehr.

»Was machst du mit meinem alten Herzen?« fragte er. »Es ist doch nichts mehr wert. «
»Ich werde es verspeisen, denn es gibt mir Kraft«, antwortete der Stattliche, und seine schwarzen Augen funkelten dabei.

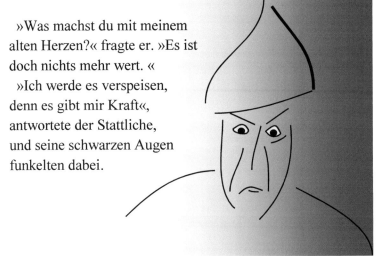

Da zuckte des Königs altes Herz zusammen. Doch er fragte weiter: »Und mein neues Herz: wird es nicht schlechter sein, da es doch nur ein Ersatz ist? «

»Nein, es ist viel besser. Es ist stark und unempfindlich gegen Sorgen, Nöte und all die törichten Schmerzen. Außerdem -«, und dabei beugte er sich mit vielsagendem Blick vor, »macht ihm die Abendsonne nichts aus. «

Wieder fühlte der König einen Stich in seinem schwachen Herzen. Doch zugleich erinnerte er sich des Schmerzes, mit dem ihn die Abendsonne mehrmals fast vernichtet hatte.

»Nein, das möchte ich nicht wieder erleben«, murmelte er leise vor sich hin, »ich will leben, will mich meiner Reichtümer erfreuen, will die Freuden der Tafel und des Bettes genießen und wieder ohne böse Träume schlafen. «

»Das alles wirst du mit deinem neuen Herzen können! «

»So sei es! « rief der König aus und gab ihm die
Hand darauf.

»So sei es!« klang es in seinem Inneren nach,
als höre er wieder
seinen Vater sprechen.
Erschrocken wandte
er sich um, da sandte
die untergehende
Sonne einen blutroten
Strahl durchs Fenster.

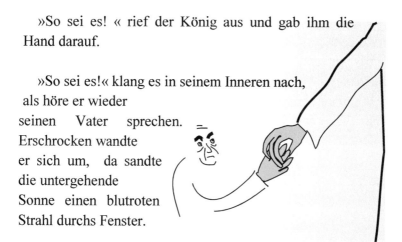

Der Stattliche aber trat mit einer schnellen Bewegung vor
und schirmte den König dagegen ab. Im nächsten Augenblick
war es Nacht, und der König fiel in einen tiefen Schlaf.

Als er erwachte, fühlte er sich seltsam leicht. Er sprang aus
dem Bett, verlangte nach einem üppigen Mahl und ließ sich
seine schönsten Kleider bringen. Dann gab er Befehl, ein glän-
zendes Fest vorzubereiten.

Es gab manches Gerücht über den fremden, stattlichen Reiter, der den König so wunderbar geheilt hatte und dann ohne
Lohn wieder verschwunden war.

Der Diener aber hatte am Morgen die Vorhänge im Schlafgemach verschlossen gefunden, was noch nie vorgekommen
war. Besonders aber wunderte er sich über eine kleine, seltsam
geformte, goldene Scheibe, die mit geheimnisvollen Zeichen
und einem roten Stein geschmückt war und auf einem Tischchen am Fenster lag. Er rückte es, nachdem er die Vorhänge
geöffnet hatte, in die Ecke, wo es nicht weiter auffiel.

»Der König ist wieder der alte«, raunte man im Volk erfreut, denn nun begann eine Zeit des Feierns und Schmausens, des Jagens und Treibens. Es war wie in früheren Zeiten, und sie ließen sich weder durch die ungewöhnlich schweren Unwetter, die es in diesem Jahr gab, noch durch die Gerüchte von einer Niederlage der königlichen Truppen davon ablenken.

Des Königs neues Herz aber war, wie es der Stattliche versprochen hatte, stark und unempfindlich. So raubten ihm weder die vielen Bittgesuche der Armen noch die Strafaktionen, die er durchführen lassen musste, um genügend Geld für sein aufwendiges Leben zu bekommen, seinen tiefen und traumlosen Schlaf. Zwar wurden jetzt gelegentlich Stimmen im Volke laut, die seinen Blick fremd und sein Herz kalt nannten. Aber die meisten waren doch zufrieden, da sie wieder ungestört ihren Interessen und Geschäften nachgehen konnten.

So verging ein Jahr. Da begab es sich eines Tages, dass der König, wie immer mit lärmendem Gefolge, über Marktplatz ritt. Das Volk machte ihm unter tiefen Verbeugungen Platz. Plötzlich aber hörte man einen durchdringenden Schrei.

Alles verstummte und starrte auf den König. Dessen Pferd stand wie angewurzelt vor einem kleinen Mädchen, das mit ausgestrecktem Arm und entsetztem Blick auf ihn zeigte und nicht zu schreien aufhörte, bis seine Stimme heiser wurde und in einem tonlosen Gestammel erstarb.

Der König wurde bleich wie der Tod, und hätte ihn nicht der Leibarzt aufgefangen, so wäre er vom Pferd gestürzt. Seit langer Zeit wieder fühlte er sein Herz; es ging ihm ein tiefer Stich hindurch, als sei er verwundet worden. Man brachte ihn aufs Schloss und warf das Mädchen mitsamt einem alten Mann in langem Gewand, der es tröstend in die Arme geschlossen hatte, in den Kerker.

In seinem Schlafgemach fiel der König sogleich in eine unruhige Geistesabwesenheit. Wieder sah er den Markt, die Menschen und das Mädchen, wie es auf ihn zeigte, und während er sich plötzlich aufrichtete, entrang sich seiner Kehle der gleiche schrille Schrei, wie ihn das Mädchen ausgestoßen hatte: »Ein Toter, ein Toter! «

Schweißgebadet und zitternd sprang er aus dem Bett und eilte mit hastigen Schritten in dem großen Raum auf und ab. Als er aber in die dunkle Ecke neben dem Fenster kam, fiel sein Blick auf das kleine Tischchen, auf dem noch immer die goldene Scheibe lag. Der Diener hatte sie, einer Eingebung folgend, weiterhin unberührt dort liegen lassen.

Wie ein Schlag ging es da durch sein Herz; es war, als wolle es zerspringen und zwang ihn auf die Knie. Ein bitterliches Schluchzen stieg in ihm auf, während er mit tonloser Stimme immer wieder flüsterte:»Ich bin tot, ich bin tot, ich habe mein Herz verloren.«

Die ganze Nacht und den folgenden Tag kniete er so vor dem Tischchen mit der goldenen Scheibe, und sein Diener verwehrte jedem den Zutritt zu seinem Gemach und ließ auch die Vorhänge geschlossen.

Als es Abend wurde, öffnete sich geräuschlos die Tür und eine Gestalt in einem langen Gewand trat herein. Sie schritt mit einem Male zum Fenster, zog die schweren Vorhänge zur Seite und rückte das Tischchen mit der goldenen Scheibe ins Licht der untergehenden Sonne. Der König bemerkte es wie im Traum. Plötzlich aber erkannte er, dass es der Bewahrer der goldenen Scheibe war, der nun ebenfalls neben dem Tischchen kniete und hinaus in den Abend blickte.

Und da leuchtete der Stein für einen Augenblick auf und tauchte das Zimmer in ein glutrotes Feuer. Auch in dieser Nacht schlief der König auf den Knien.

Da sieht er wieder im Traume den Stattlichen, wie dieser sich gerade über ihn beugt, um ihm mit scharfen Krallen den Brustkorb aufzureißen.

Plötzlich aber steht neben ihm der Bewahrer der goldenen Scheibe in einem langen, lichten Gewand und hebt Einhalt gebietend die Hand. Der Stattliche, als er ihn bemerkt, reißt das Herz mit einem gewaltigen Ruck heraus und verschlingt es mit einem Bissen. »Du kommst zu spät!«, lacht er höhnisch, »Sein Herz ist mein.«

Die Gestalt im langen Gewand jedoch schüttelt das Haupt und erwidert:»Nein, auch diesmal ist es dir nicht ganz gelungen. Ein Rest ist ihm geblieben. Aber er wird viel leiden müssen, bis sein Herz wieder ganz ist. Hebe dich von dannen! Ich kann dich nicht strafen, denn du hast ihm ja den wahren Weg zur Heilung genannt. Er aber wollte König sein. «

Damit macht sie eine gebieterische Geste, und der Stattliche verschwindet mit einer tiefen Verbeugung.

Und eine Stimme spricht:»Großes macht groß, Mühe macht stark, Höhe lässt sehen - so ist der Wahlspruch der Könige. Die Seligen aber beugen ihr Knie und öffnen ihr Herz, auf dass sie erkennen. «

35

Bei diesen Worten erwachte der König und wusste mit einem Male, dass er auf dem Götterberg erwartet wurde. Als der Hofmarschall erregt eintrat, um ihm das spurlose Verschwinden des Mädchens zu melden, sagte er nur: »Es ist gut so. «

Dann ließ er das Volk zusammenrufen und sprach: »Bald werdet ihr einen neuen König haben. Seht zu, dass ihr eines besseren würdig werdet, als ich es war. Unsere Wege trennen sich heute, doch da sie alle ans gleiche Ziel führen, wollen wir leichten Herzens voneinander scheiden. «

Damit wandte er sich nach Westen, wo soeben die Sonne in goldenem Schimmer hinter den fernen Gebirgen versank. Niemand wagte, ihm zu folgen.

So ging er viele Tage, bis er zum Götterberg kam. Als er vor diesem stand und die schöne, breite Straße erblickte, sträubte sich etwas in ihm, sie zu betreten. Er suchte lange nach dem Fußweg, der einst seinen Vater hinaufgeführt hatte.

Doch seine Baumeister hatten jede Spur davon gelöscht. So musste er schließlich widerstrebenden Herzens auf der breiten Straße hinaufsteigen, die ihm nun dreimal beschwerlicher erschien als damals der kleine, wilde Pfad. Sie war eben und gepflastert, doch seine Füße schmerzten darauf. Die Rastplätze waren trocken und sauber, doch es fehlte ihnen das weiche Moos und der erfrischende Duft der wilden Pflanzen. Keine

Quelle, an der er rasten konnte, kein Tier, das ihn durchs Unterholz begleitete, keine Schlucht, in deren Schatten er sich
erholen, und kein Felsen, den er erklimmen konnte. Selbst der
Himmel schien seine Höhe verloren zu haben, da kein wilder
Baum in ihn hinaufragte.

Schließlich erreichte er den Gipfel, der ganz von dem Lustschloss eingenommen wurde. Er trat ein und blickte durch die
großen Fenster in die Ferne. Doch wieder war alles in Dunst
und Nebel gehüllt. In seinem Herzen breitete sich eine unsäg-
liche Traurigkeit aus. Er sank auf die Knie und weinte bitter-
lich.

Die Nacht stieg herauf, am Horizont leuchtete ein schwa-
ches Rot, die Nebel wurden dichter. Der König horchte hinaus
und starrte in das Dunkel. Furcht überfiel ihn wie nie zuvor.
Da rief er in die Dunkelheit: »Sprich zu mir, Mächtiger. Hier
bin ich, dein Diener. «

Doch nicht einmal der Wind gab ihm Antwort.

Die Morgendämmerung kam, die Nebel hoben sich, und der Himmel begann, zart aufzuleuchten. Er sah im ersten Schimmer des Morgenlichtes einen gewaltigen Berg, dessen Spitze sich jetzt, obwohl sie in unendliche Höhen reichte, rosa in der Morgensonne verfärbte. Ganz oben blinkte einen Augenblick lang ein glutrotes, kleines Licht.

Da hörte sich der König plötzlich sagen:»Ja, so sei es!«.

Seine ausgebreiteten Arme waren jenem Berg entgegengestreckt.

Und er erinnerte sich mit einem Male wieder an jenes kleine Lied, das eines Abends vom Fuße der Schlossmauer zu ihm emporgestiegen war:

Stille meines Herzens Sehnsucht,
schenke meiner Seele Ruh,
meine angsterfüllten Augen
schließ mit deinem Frieden zu.

Heute wusste er, dass es die Stimme jenes kleinen Mädchens gewesen war, das auf dem Marktplatz so entsetzt geschrieen hatte. Damals hatte er sofort die Musikanten herausbefohlen, damit sie durch ein munteres Tanzlied die große Traurigkeit vertrieben, mit der das Lied ihn erfüllt hatte.

So machte
er sich auf die
Suche, immer
dem Horizont
entgegen. Es wurde
eine lange Reise, Tag
um Tag, Monat um Monat
- schließlich wusste er nicht
einmal mehr, wie viele Jahre ver-
gangen waren, seit er sein Schloss verlassen hatte. Längst hatte er aufgehört zu
zählen, wie oft der Mond voll und leuchtend am Himmel aufgestiegen war, wie oft die Bäume ihr Blätterkleid gewechselt
und wie oft die großen Regen das Land überschwemmt hatten.

Er machte sich keine Gedanken mehr über die Zukunft und
grübelte auch nicht mehr über die Vergangenheit nach.

Morgens, wenn sich die Sonne mit neuer Kraft erhob, schüt-
telte er den Schlaf aus den Gliedern und schritt seinem
Schatten nach.

Wenn es heiß wurde, ließ er sich unter den Bäumen nieder,
während die Luft flimmerte, die Grillen ihre Lieder sangen
und aus den Blumenwiesen betäubend süße Düfte aufstiegen.
Wenn dann die Schatten wieder länger wurden, kehrte seine
Seele von ihren Streifzügen durch das weite, leuchtende
Land, von kühlen Hainen, murmelnden Quellen, stillen Dorf-
gassen und blauen Hügelketten zu ihm zurück und führte ihn
weiter, der Sonne nach, die abends in einem weiten Bogen zu
dem fernen, fernen Gebirge hinabstieg, um es für einen Augenblick mit flüssigem Gold zu überziehen.

 Dann ließ er sich im weichen Gras nieder und lauschte dem süßen Abendlied der Vögel, das ihn früher, als sein Leben noch ohne Sinn war, mit so großer Wehmut erfüllt hatte. Er zog dahin, seinem unbekannten und fernen Ziel entgegen, ohne Hast und Drang, denn ihm war, als sei er längst angekommen.

Oft schien es ihm, als sei alles um ihn herum, Bäche und Wolken, Pflanzen und Tiere, ja selbst Berge und Wälder wie er auf der Wanderschaft, als strebten auch sie dorthin. Auch die Wanderer, die er bisweilen traf, erzählten ihm vom Götterberg. Doch immer trennten sie sich nach kurzer Strecke von ihm, um kleine Berge zu erklimmen die sich hier und dort am Rande des Weges erhoben.

»Was wollt ihr auf diesem Hügel?« hatte er sie dann anfangs gefragt, »Dort ist das Ziel«, während er in die Ferne deutete.

Sie aber schüttelten den Kopf und belehrten ihn, dass man nur auf diesem Berg hier Vergebung für die Sünden des Stehlens und auf jenem Berg dort für die des Tötens erlangen könne. Dann wieder zeigten sie ihm Berge, auf denen man um Glück, Gesundheit und sogar Reichtum bitten konnte.

»Worum willst du denn bitten, auf deinem fernen Berg dort hinten, den zu erreichen du dein Leben lang wandern musst?« fragten sie ihn.

»Ich weiß es nicht«, antwortete er, »aber wenn ich angekommen bin, werde ich es wissen. Etwas ruft mich. «

»Aber«, so meinten sie erstaunt, »suchst du denn nicht das Glück? Willst du nicht Gesundheit oder die Vergebung deiner Sünden?«

»Einst wollte ich den mächtigen Herrscher dort oben um etwas bitten... doch jetzt weiß ich nicht mehr, was ich suche... vielleicht mein Herz. « Indem er dies sprach, fühlte er ein Sehnen in seiner Brust, das ihn mit gewaltiger Kraft vorantrieb.

Regen, Wind und Sonne erquickten ihn, wilde Tiere bewachten sein Nachtlager, fröhliche Vögel grüßten ihn aus den Bäumen, Wolken zogen ihm entgegen, Sterne teilten mit ihm die Nacht, und die Sonne führte ihn weiter und weiter.

Mit der Zeit aber schien es ihm, als ginge sein Weg bergauf, als werde der Himmel klarer und die Luft reiner, das Gras kürzer und die Bäume niedriger. Wolken streiften ihn, und in den Nächten wurde es kühl. Doch immer winkte noch in der Ferne ein wolkenverhangener Gipfel.

Eines Nachts aber erwachte er und meinte, eine Stimme zu hören, die ihm weiterzuziehen befahl. Es war so dunkel, dass er den Weg nicht erkennen konnte, und zum ersten Mal seit langer Zeit befiel ihn wieder Furcht. Geh, raunte es in seinem Inneren, fürchte dich nicht, denn ich führe dich. Als er zum Himmel aufblickte, leuchtete dort ein Stern, den er vorher nie bemerkt hatte, und schien zu sagen: Folge mir...

So brach er auf, kroch durch dorniges Gestrüpp, watete durch reißendes Wasser und erklomm schmale Grate, die ganze endlose Nacht hindurch. Plötzlich befand er sich auf einer Felsscheibe, die nach allen Seiten von Abgrund umgeben war.

Er suchte und suchte, wohin es weitergehe, doch überall stieß er nur auf schwarze, drohende Leere. Erschöpft ließ er sich nieder - kaum war ihm bewusst, dass es seine Knie waren, auf denen er nun ruhte - und blickte suchend zum Himmel empor. Da verglühte soeben der Stern, der ihn geführt hatte, und am Horizont stieg ein zarter Schimmer empor. Der König aber sank in einen tiefen Schlaf.

Da träumte er wieder: Auf dem Felsen sein Vater, die Arme ausgebreitet, und neben ihm die Lanze mit seinem Kopf darauf. Doch während er sie betrachtete, begann sie sich in einen zarten Baum zu verwandeln, der Zweige und Blätter trieb. Bunte Blüten sprangen auf wie Edelsteine, und während aus ihnen die herrlichsten Früchte wuchsen, verwandelte sich sein aufgespießtes Haupt ebenfalls in eine paradiesisch schöne, herzförmige Frucht. Eine unwiderstehliche Sehnsucht zwang ihn, sie an sich zu nehmen.

In diesem Augenblick, da sie, wie ein Kleinod leuchtend, in seiner Hand lag, erwachte er, und sein Blick fiel auf die soeben untergehende Sonne, die ihm einen letzten Strahl zuwarf. Er blickte um sich - da leuchteten die silbernen Bänder mächtiger Ströme, türmten sich Wolken über majestätischen Gebirgen und schimmerten Ozeane in türkisfarbener Unermesslichkeit.

Tief unten aber lag sein Reich, so winzig, als sei es zum Spielen gemacht. Allenthalben sah er Feuersbrünste lodern und schwarze Unwetter darüber hinwegziehen; und weit hinten, auf der Terrasse des Königspalastes, stand der neue König. Es war sein Leibarzt, der Taschenspieler. Doch seltsam - es berührte ihn nicht.

Die Freude, mit der er erwacht war, verließ ihn nicht mehr. Neben ihm, einsam auf der Spitze dieses hohen Berges, erhob sich ein Baum mit bunten Blüten und herrlichen Früchten und lud ihn ein, sich unter ihm niederzulassen.

An seinen Stamm gelehnt, blickte er in die Ferne zu den gewaltigen Gebirgen, bis ihn ein sanfter Schlummer überfiel. Und als er beim Schein der ersten Sonnenstrahlen erwachte, kannte er das Geheimnis des Götterberges.

Götz Blome

Die Grille und die Ameise

Eine bunte Geschichte vom guten Leben

Kapitel 1

in dem wir
 Felizitas Grille

 und

 Ernst Ameise

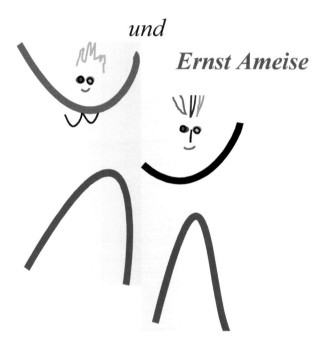

kennen lernen –
 Menschen wie du und ich.

Es war einmal eine nette junge Frau,
die hieß Felizitas Grille.

Sie nahm das Leben leicht.

Sie sang und machte Musik,
sie tanzte und hatte viel Spaß

Sie ließ es sich schmecken,
wann und wo immer es etwas Leckeres
zu essen gab.

– und ein Kind von Traurigkeit war sie auch sonst nicht.

Daher hatte sie viele nette
Freunde,

was nicht ohne gelegentliche erfreuliche Folgen blieb.

So war Felizitas Grille –
sie ließ es sich einfach gut
gehen, wann und wo immer
es möglich war.

Ihr Nachbar aber,
der Ernst Ameise hieß,
nannte sie leichtlebig und lasterhaft,
faul und vergnügungssüchtig
und prophezeite ihr immer wieder
ein böses Ende.

Und natürlich empfahl er ihr,
sich an ihm ein Beispiel zu nehmen.

Denn er war immer fleißig und
ernsthaft. Er tat seine Pflicht
und arbeitete den lieben langen Tag.
Unermüdlich.

Zuerst die Arbeit, dann das Vergnügen.
pflegte er zu sagen,
Aber er kam nie über die erste Etappe hinaus.

Dass er sich vergnügte,
sah man nie,
und er meinte es damit auch
nicht wirklich ernst,
denn, wie er sagte,
das Leben ist kein Zuckerlecken.

Er hatte kaum Zeit zu essen, denn er arbeitete immer.

Wie lästig diese Esserei doch ist!, pflegte er zu sagen.
Das kostet viel zu viel Zeit,
die man nützlicher verwenden könnte.

Und das gewisse Etwas,
das ihn immer wieder
auf dumme Gedanken bringen
und von der Arbeit abhalten wollte,
hatte er vorsorglich weggesperrt.

Ja – er war tugendhaft, arbeitsam, zuverlässig,
ernsthaft, verantwortungsbewusst.
Irgendwie ein Vorbild.

Und da es ohne Fleiß keinen Preis gibt,
wie wir alle wissen,
hatte ihm die Mühe auch reiche Früchte eingebracht:
Haus und Hof, Gut und Geld, Ruhm und Ehre.

Warum auch nicht?

Seht ihr das Häuschen von Felizitas Grille?

Kapitel 2

in dem wir etwas aus dem Leben
von Felizitas und Ernst erfahren.

Als der Herbst kam, sah man Ernst Ameise fleißig
für den Winter vorsorgen
und den lieben langen Tag über im Garten das Brennholz sägen.

Er hatte kaum Zeit zum Essen und Schlafen,
und sah nichts von der Natur um sich herum:
die herrlichen Farben der Bäume und Pflanzen,
die jetzt noch einmal alle ihre Lebenskraft und -freude
in einem lodernden Farbenfeuer aufleuchten ließen,
um sich dann in sich zurückzuziehen
und bis zum Frühling zu schlafen.

Dafür betrachtete er mit Vergnügen
seine wachsenden Vorräte:
die roten Äpfel,
die braunen Kartoffeln,
die gelben Rüben,
die geräucherten Würste
und den goldenen Käse.
Auch Wein war genügend vorhanden.
Alles genau so bemessen,
dass es bis zum Frühling halten sollte
– nicht zu viel
und nicht zu wenig.

Auch Felizitas machte sich daran, Vorräte anzulegen:
Holz sägen, die Vorratskammer füllen, arbeiten...
Aber, so fragen wir uns, wo war da noch Zeit zum
Musizieren, Tanzen, Lieben, Nachdenken –
kurz: für die Dinge, die nicht „nützlich" sind
und nur JETZT Spaß machen?

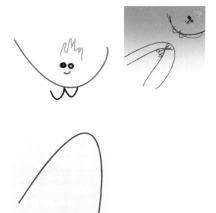

So schloss Felizitas einen Kompromiss: sie arbeitete immer nur so lange, bis es ihr keinen Spaß mehr machte, und dann ruhte sie aus und genoss das Leben. Sie dachte ein bisschen an <u>morgen</u> und sorgte ein wenig vor, ließ es sich aber vor allem <u>heute</u> gut gehen. So war sie nun einmal. Was nützt es mir, später etwas zu haben, wenn es mir heute dafür schlecht geht?

Das wird ein böses Ende mit dir nehmen,
rief Ernst Ameise über den Zaun,
denk an den Winter
und an die schlechten Zeiten!
Wenn du nur das HEUTE im Kopf hast,
wirst du am MORGEN scheitern.
    Abwarten, antwortete Felizitas.
Wer nur ans MORGEN denkt,
hat nichts vom HEUTE !

58

Kapitel 3

in dem es so kommt,
wie es kommen musste.

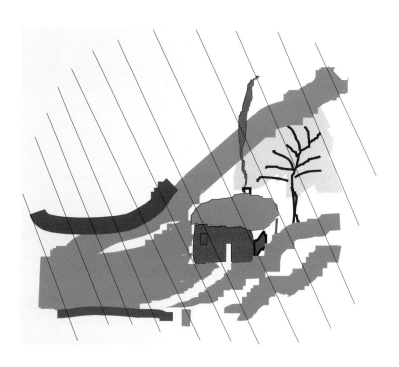

Und dann kam der Winter.

Kälte und Frost.
Überall Schnee und Eis.

Vorbei die schönen Tage,
an denen man sich im Freien aufhalten konnte,
an denen die Sonne das Heizen übernahm
und die Gärten reichlich zu essen gaben.

Wohl dem,
  der jetzt Holz zum Heizen
  und genügend Vorräte im Keller hatte!

Gibt es etwas Schöneres,
als die Füße zum warmen Feuer zu strecken
und es sich schmecken zu lassen,
während draußen die Stürme heulen
und alles vor Kälte erstarrt?
Wohl dem, der vorgesorgt hat!

Nun zeigte es sich, dass Ernst Ameise recht gehabt hatte,
als er das böse Ende vorausgesagt hatte,
denn Felizitas hatte bald nichts mehr zu essen und zu heizen.

61

Wie kalt war es in ihrem kleinen Haus,
und wie sehr plagte sie der Hunger.

Wie wehmütig dachte sie an den Sommer,
an die Sonne
und an all die schönen, vergnügten Tage.

Sie konnte nicht begreifen,
dass es jetzt für sie keine Freude mehr im Leben geben sollte –
nur deshalb, weil sie früher so viel davon gehabt hatte.

Aber bald fasste sie wieder Mut.
Ich werde meinen Nachbarn, den Ernst Ameise, um etwas Essen und
Holz bitten. Er hat ja genug davon.

Und sie stellte sich vor, wie er sie empfangen würde.
Komm nur herein, wird er sagen, das ist eine nette Überraschung.
Du kannst gerne alles haben, was du brauchst.
Es ist genügend da.

Und vielleicht würde er augenzwinkernd hinzufügen:
Ich habe ja vorgesorgt, wie du weißt.

Er würde auftischen, was er hatte – gut und reichlich.
Das würde sie an seiner Stelle ja auch tun.

In Gedanken fühlte sie sich schon wie im Paradies,
denn sie hatte lange gehungert und gefroren.
Wie schön, dass wir uns endlich einmal näher kennen lernen,
wird er sagen, und auch Felizitas fand schon im Voraus,
dass dies eindeutig ein Fall von Glück im Unglück sei.
Ich konnte eigentlich nie glauben,
dass du ein so rauer und ungemütlicher Bursche bist,
wie du dich immer nach außen gibst, würde sie sagen.

Sie ging hinüber: Kannst du mir etwas Holz und Essen geben? Ich habe nichts mehr, ich friere und hungere so. Ich gebe es dir im Sommer zurück.

Aber so ist das mit den Träumen: sie gehen nicht immer in Erfüllung. Es kam anders, als sie gehofft hatte.

Denn Ernst Ameise lachte nur ganz gemein und rief: Das hat man gerne! Immer nur ans Vergnügen denken und hinterher nicht dafür bezahlen wollen! Von mir bekommst du nichts, denn diese Mentalität unterstütze ich nicht. Ich habe dich oft genug gewarnt. Hättest du auf mich gehört, dann säßest du jetzt nicht in der Patsche.

Außerdem habe ich selbst kaum genug. Wer weiß, wie lange und wie hart der Winter wird. Da muss man vorsichtig sein und darf nicht das wenige, das man hat, vorzeitig weggeben.

War das eine Enttäuschung!
Da sitzt sie nun
und weiß nicht weiter.

Aber so ist es nun einmal:
Wer immer nur ans Vergnügen denkt,
muss eines Tages dafür büßen,
denn das Leben ist eine ernste Angelegenheit.

Und: ohne Fleiß kein Preis!

Kapitel 4

Zum Glück geht es doch noch gut aus,
und Felizitas erntet späte Früchte.

Ist das Leben wirklich so? Zieht Freude immer Leiden nach sich?
Ist das die Moral von dieser Geschichte?
Ehrlich gestanden – mir gefällt sie nicht.
Lasst sie uns deshalb einfach ändern, damit sie eine andere Moral bekommt.
Denn von unserem Blickwinkel hängt es ab, wie uns das Leben erscheint.

Also:
Während Felizitas Grille noch verzweifelt und hungrig und frierend auf ihrem Bett lag und nicht wusste, wie es weitergehen sollte, hörte sie draußen vor ihrem Häuschen Schritte und Stimmen.

Es klopfte, sie öffnete – und wer stand da?

Eine Kinderschar, die einen Schlitten vor ihrer Tür abgestellt hatte. Auf dem Schlitten befand sich ein großer Sack.

„Wir sollen dir das von Mutti und Vati bringen, damit du nicht hungern und frieren musst", sagten sie fröhlich. Und dann fügten sie hinzu: „Das sind die Früchte deiner Arbeit", sollen wir dir sagen.

Da war Felizitas sehr froh,
und sie verstand auch sogleich, was die Eltern gemeint hatten.

Denn sie erinnerte sich an einen bestimmten Tag im vergangenen Sommer, als sie wieder einmal in der Stadt ein wenig musiziert und getanzt hatte.

Die Leute blieben stehen.
Sie freuten sich und lachten,
und die Kinder tanzten ein bisschen mit.

Auf einmal baute sich ein Mann vor ihr
auf und schrie:

Arbeite was!

Dass er schlecht gelaunt war,
sah man ihm von weitem an.

Alle erschraken und wussten nicht,
wie sie sich verhalten sollten.

Da trat ein junges Mädchen auf ihn zu
und rief empört:

„Aber sie arbeitet doch!

71

Das soll Arbeit sein? Das macht ihr doch Spaß!
Arbeit ist aber eine ernste Angelegenheit, kein Vergnügen! Nicht umsonst
heißt es: „Im Schweiße deines Angesichts sollst du dein Brot verdienen!"
Und außerdem ist das hier völlig nutzlos: Das kann man weder anfassen
noch essen noch verkaufen!
Dem lieben Gott den Tag stehlen – jawohl, das ist es, was ihr hier tut!
Er sagte das so vorwurfsvoll, dass alle Umherstehenden sogleich ein
schlechtes Gewissen bekamen.

Das Mädchen aber lachte nur und sagte:
So ein Quatsch!
Sie war ganz schön frech – aber süß.

Da lachten auch die anderen erleichtert mit,
denn irgendwie hatte sie ihnen
aus dem Herzen gesprochen.

Kapitel 5

**Jetzt kommt der Lohn
für eine schlechte Tat.**

Nachdem sich Felizitas an den guten Dingen, die ihr die Kinder gebracht hatten, satt gegessen hatte, ging sie zu Bett und fiel in einen wohligen Schlaf. Es war sehr gemütlich warm in ihrem Häuschen, das fand auch ihr kleiner Hund.

Auch Ernst Ameise ließ es sich schmecken, nachdem er sie vertrieben hatte, und öffnete sogar eine Flasche Wein, um jetzt den Lohn für die harte Arbeit zu genießen, zu der er sich so oft gezwungen hatte.
Weil er den Wein nicht gewöhnt war, wurde er bald benebelt und schlief am Tisch ein.
Dabei stieß er, ohne es zu bemerken, die große Serviette, die er zur Feier dieses besonderen Abends extra aus dem Schrank geholt hatte, vom Tisch.

Sie fiel vor den Kamin, in dem das Holz hell und warm brannte. Plötzlich sprang ein glühendes Holzstück aus dem Feuer genau auf die Serviette. Sie begann zu brennen und nach kurzer Zeit stand das ganze Zimmer in Brand.

Zum Glück erwachte Ernst noch rechtzeitig, um sein Leben zu retten. Aber sein Haus war verloren.

Nun hatte er kein Dach mehr über dem Kopf, nichts Warmes anzuziehen und auch nichts zu essen.

Er ging in die Stadt, um Hilfe zu erbitten.

Aber: wo er auch hinkam, niemand wollte ihm helfen. Er war – das sah er jetzt – nicht beliebt, und die Leute meinten insgeheim, das geschehe ihm recht. Sie waren nämlich außerdem immer schon neidisch auf seinen Erfolg gewesen.

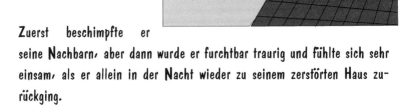

Zuerst beschimpfte er seine Nachbarn, aber dann wurde er furchtbar traurig und fühlte sich sehr einsam, als er allein in der Nacht wieder zu seinem zerstörten Haus zurückging.

Schließlich fiel ihm nichts Besseres ein, als bei Felizitas zu klopfen. Dass er sie vorher so schlecht behandelt hatte, daran erinnerte sich jetzt, da er selbst in der Patsche saß, gar nicht mehr. Da er wusste, dass sie ein gutes Herz hatte, meinte er ganz selbstverständlich, sie werde ihm helfen. Aber das war eindeutig zu viel verlangt. So ein himmllsches Wesen war sie nun doch nicht, das wäre ja auch nicht mehr normal gewesen. Sie wies ihn ab, und es tat ihr irgendwie gut.

Das war nun die ausgleichende Gerechtigkeit. Und außerdem: Strafe muss sein!

Kapitel 6

Felizitas zeigt sich von ihrer besten Seite

Strafe muss sein! haben wir vorhin gesagt und auch geglaubt, dass das richtig sei.

Stimmt das wirklich?

Und – gefällt uns diese Lebenssicht, bei der ein Auge gegen das andere aufgewogen und für jeden Zahn ein anderer ausgeschlagen wird? Wird dadurch irgendetwas besser in unserer Welt?

Probieren wir es einfach mal anders:

Verzweifelt stand Ernst Ameise vor dem kleinen Haus von Felizitas. Sein ganzer Besitz war verloren, und niemand wollte ihm helfen. Er sah, was er falsch gemacht hatte, und jetzt, da es ihm selbst schlecht ging, erkannte er auch zerknirscht, wie schlecht er zu Felizitas gewesen war. Wieso soll sie mir da helfen?, fragte er sich. Ich verdiene es nicht.

Da öffnete sich auf einmal die Tür an ihrem Häuschen, Licht und Wärme strömten heraus, und Felizitas rief ihm zu: Komm herein, Ernst, du frierst doch bestimmt!"

Obwohl es ihm eigentlich peinlich war, diese Einladung anzunehmen, konnte er doch nicht widerstehen, denn er war so durchgefroren und am Ende seiner Kräfte.

Wie behaglich war es in dem kleinen Raum! Ein lustiges Feuer gab Wärme, der Hund schlief zufrieden davor, und bald war auch der Tisch gedeckt.

Ernst Ameise wusste gar nicht, was er sagen und wie er sich verhalten sollte. Aber er war sehr froh. Wieso hilfst du mir, fragte er sie, wo ich dich vorhin so schlecht behandelt habe? Ach, das habe ich schon vergessen, antwortete sie, denn andere haben mir geholfen.

Außerdem kann ich mich doch nicht wohl fühlen, wenn es nebenan jemandem schlecht geht und ich ihm so leicht helfen kann.

Als du mich weggeschickt hast, hast du dich im Grunde selbst bestraft, denn es macht doch Freude, jemandem eine Freude zu machen. Ich glaube, du warst nur verbittert und neidisch auf mich, weil du immer so viel geschuftet und dir so wenig Freude gegönnt hast. Das kann ich verstehen – wahrscheinlich hätte ich an deiner Stelle genauso verhalten. Wenn man sich selbst keine Freude gönnt, kann man auch keine abgeben.

Sie ließen sie es sich gut gehen, und als sie sich auf diese Weise näher kennen lernten, erkannten sie beide, dass sie sich falsch eingeschätzt hatten: beide hatten gemeint, sie selbst seien richtig, und jeder Mensch, der anders war, sei missraten.

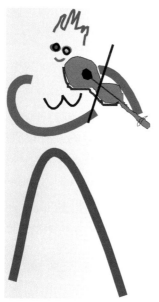

Ernst Ameise fand, dass Felizitas aus der Nähe doch nicht so nichtsnutzig und lasterhaft war, wie er immer gemeint hatte. Denn jetzt gestand er ihr, dass er, als er so allein in seinem warmen Haus saß, gemerkt hatte, dass ihm etwas fehlte. Wie einsam ich bin, hatte er oft geseufzt, wie schön wäre ein bisschen Musik und fröhliche Gesellschaft, und vor seinem geistigen Auge war ihm seine Nachbarin erschienen, über deren Musik und Tanzerei er sich den ganzen Sommer über so geärgert hatte.

Auch Felizitas musste zugeben, dass sie es, als sie frierend und hungrig in ihrem Häuschen gelegen hatte, bereute, so leichtfertig gewesen zu sein. Hätte ich es doch gemacht wie mein Nachbar! hatte sie geseufzt. Dem geht es jetzt gut. Der hat genügend zu essen und streckt seine Füße vor dem warmen Kamin aus.

So zeigte sich wieder einmal, dass niemand ganz recht hat und dass wir alle voneinander lernen können. Jeder kann und hat etwas, was der andere nicht kann und hat.

Und alles muss im rechten Maß geschehen, denn Felizitas wäre beinahe körperlich verhungert, weil sie zu wenig ans Materielle dachte, wogegen Ernst beinahe seelisch verhungert wäre, weil er zu viel darauf achtete.

Mit der Zeit wurden sie richtig lustig. Zuerst begann Felizitas, ein bisschen Musik zu machen – in ihrer Art, ohne Noten und wie immer ganz improvisiert, aber mit viel Gefühl und Schwung.

Und als dann Ernst bei ihr ein Akkordeon entdeckte, begann auch er zu spielen. Er konnte die schwierigsten Stücke – mit allen Schikanen –, denn er hatte sie früher systematisch, wie es seine Art war, in wochenlanger Arbeit eingeübt, und es hörte sich an wie im Konzertsaal. Wie lange hatte er nicht mehr Musik gemacht – weil er immer meinte, er habe keine Zeit und das Leben sei viel zu ernst und schwer, um die Zeit mit nichtsnutzigem Treiben zu vergeuden!

82

Wie seltsam, plötzlich sah die Welt anders aus: die Musik und das Lachen erschienen ihm wertvoller als alles, was er sich so mühsam erarbeitet hatte.

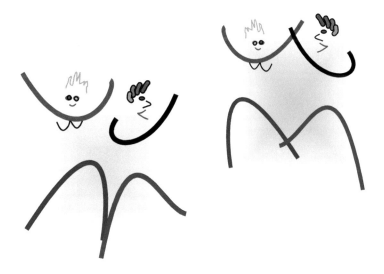

Das wurde ein fröhlicher Abend mit Tanz und Gesang

und

Kapitel 7

in dem wir uns die Geschichte
noch einmal ganz anders ausdenken.

Felizitas Grille und Ernst Ameise waren Nachbarn, und sie lebten beide auf ihre Weise:

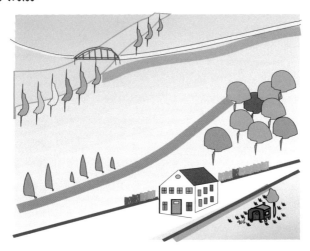

Ernst Ameise arbeitete den ganzen Tag und gönnte sich kein Vergnügen. ⟨Halt: <u>ein</u> Vergnügen hatte er doch – aber davon gleich⟩. Dafür besaß er eine große Villa und eine Truhe, in der sich immer mehr Geld ansammelte. Er brachte es nicht zur Bank, weil es ihm so viel Freude machte, von Zeit zu Zeit die Scheine vor sich auf dem Boden zu stapeln und zu sehen, wie reich er war. Das war sein Vergnügen.

Felizitas Grille dagegen arbeitete nur, wenn sie Lust hatte, falls man das, was sie tat, überhaupt Arbeit nennen konnte: Musik machen, singen, tanzen, mit den Leuten schwatzen. Ans Geld dachte sie überhaupt nicht und war immer schon zufrieden, wenn sie genug zum Essen hatte. Sie brauchte ja auch nicht viel, denn sie besaß nicht einmal ein richtiges Haus. Eigentlich lebte sie wie ein Vogel im Gebüsch, der ja auch nur den ganzen Tag fröhlich singt und das verzehrt, was er findet.

Und wenn ihnen das Schicksal nicht einen bösen Streich gespielt hätte, wäre es noch heute so. Aber da begann es eines Tages in den Bergen zu regnen, ununterbrochen, wochenlang, und das viele Wasser, das zu Tal floss, begann die Ebene, in der sie wohnten, zu überschwemmen.

Zunächst nur die Wiesen und Wege, so dass man nirgends mehr herumgehen konnte. Das war wirklich sehr unangenehm. Dabei blieb es aber nicht, sondern das Wasser stieg und stieg, Meter um Meter, und schließlich standen alle Häuser mitten in den Fluten. Am Ende sah man nur noch die Dächer aus ihnen herausragen.

Die Häuser waren unbewohnbar geworden. Sie mussten sie verlassen, wenn sie nicht ertrinken wollten.

Sie retteten sich in ein Boot, das Ernst Ameise vor Jahren erworben hatte, um angeln zu gehen. Doch er hatte es nie benützt, weil er keine Zeit dafür gefunden hatte. Jetzt war es ihre Rettung.

Sie konnten allerdings nicht einfach gemütlich an Land rudern. Denn zu dem Regen, der sich wieder verstärkt hatte, kam ein wütender Sturm, der das Boot Tag und Nacht vor sich hintrieb – den Fluss hinunter bis aufs Meer. Riesige Wellen drohten es jeden Augenblick umzuwerfen.

Was für ein Horror! Wie groß war ihre Angst! Sie dachten, dies wäre ihr letztes Stündchen, und dazu hatten sie auch allen Grund in ihrem kleinen Boot in den tosenden Fluten.

Und weil einem oft in der Todesstunde noch einmal das ganze Leben vor dem inneren Auge erscheint, sahen sie wie auf einem großen Gemälde die Quintessenz ihrer Biographie.

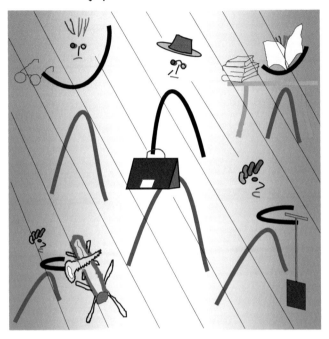

Ernst Ameise sah ein Leben voll mühsamer Arbeit und bedrückender Pflicht, in dem es wenig Freude gegeben hatte. Es war irgendwie grau und düster. Unwillkürlich fragte er sich: Hat sich das gelohnt? Hat dein Leben gute Früchte getragen? Und er erkannte auf einmal, dass das viele Geld, das er verdient hatte, und die mächtige Position, in die er unter so viel Mühe und Selbstüberwindung aufgestiegen war, – jetzt, wo er die Endbilanz ziehen sollte – nicht viel wert waren. Denn wo war die Freude? Er empfand Bitterkeit und Traurigkeit.

Wenn ich jetzt noch einmal anfangen dürfte, sagte es in ihm, würde ich alles anders machen!

Auch Felizitas Grille dachte noch einmal an ihr bisheriges Leben, und da tauchten lauter erfreuliche Erlebnisse und Bilder vor ihrem inneren Auge auf. Wie schön es gewesen war! Wenn das alles jetzt zu Ende sein sollte, so habe ich doch viel Freude im Leben gehabt, sagte sie sich. Die kann mir niemand nehmen. Also will mich auch jetzt wieder meinem Schicksal anvertrauen, das es immer gut mit mir gemeint hat.

Und eine Stimme in ihr fügte leise hinzu: Wer weiß – vielleicht geht doch noch alles gut aus?

Kapitel 8

in dem sich zeigt, dass Felizitas recht hat

So zogen sie ihre Bilanz, weil es aussah, als sei ihr Ende nahe. Doch, wie so oft im Leben: es kam anders:
Plötzlich legte sich der Sturm, die Wogen glätteten sich und sie konnten sich ans Ufer retten, das näher war, als sie vermutet hatten. Sie wussten nicht, wohin es sie verschlagen hatte, und staunten nicht schlecht, als sie sich unter Palmen wiederfanden, umgeben von gelbem Wüstensand. Das war eine weite Reise gewesen, die sie da unfreiwillig zurückgelegt hatten!

Erschöpft ruhten sie im Sand.

Neben Ernst Ameise stand
ein großer Koffer, er war voller Geld.
Ernst hatte ihn als Einziges gerettet.

Felizitas aber hatte nur
eine kleine Tasche
mitgenommen.
Was darin war,
wird erst später
verraten.

So schön und erholsam es im warmen Sand auch war – sie mussten doch zusehen, dass sie weiterkamen. Denn sie hatten weder zu essen noch zu trinken und auch kein Zuhause mehr. Also machten sie sich auf den Weg. Sie wussten zwar nicht, wo sie waren, aber der kleine Hund von Felizitas fand Spuren im Sand, auf denen er sie führte.

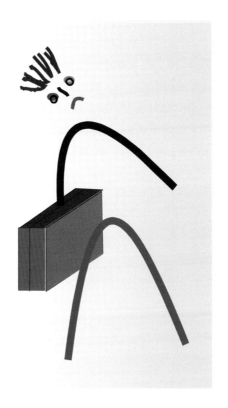

Das wurde ein mühsamer Marsch – ringsherum nur Sand und Dünen oder Dünen und Sand. Ernst Ameise hatte es besonders schwer, denn er musste den schweren Koffer schleppen, von dem er sich nicht trennen wollte. Darin befindet sich meine ganze Existenz, sagte er zu Felizitas, die es bedeutend leichter hatte mit ihrem kleinen Täschchen. Du wirst sehen, mein Koffer wird uns retten, denn sobald wir auf Menschen treffen, können wir uns alles leisten, was wir wollen.

„Money makes the world go round!" fügte er weltmännisch hinzu.

Felizitas, wusste nicht so recht, was sie davon halten sollte. Sie fand es sehr sonderbar, durch die Wüste einen Koffer voll Geld zu schleppen, wenn man gar nicht weiß, wo man ist, und ob man überhaupt mit dem Leben davonkommen wird.

Wenn wir hier verdursten, habe ich mich wenigstens nicht unnötig abgemüht, bemerkte sie leichthin.

So schleppten sie sich durch die Wüste, hungrig, durstig, völlig erschöpft und ohne zu wissen, wie dieses gefährliche Abenteuer ausgehen würde.

Doch sie hatten Glück, denn auf einmal tauchte eine Oase auf. Sie wurden von fremdartigen Gestalten umringt, die sie misstrauisch betrachteten. Wo waren sie nur gelandet? Offensichtlich verstanden diese Menschen ihre Sprache nicht. Wie konnten sie hier Hilfe und etwas zu essen bekommen? Was würde man mit ihnen machen? Bange Fragen und keine Antworten.

Nachdem sie sich so einige Zeit lang gegenseitig stumm angestarrt hatten, fasste sich Ernst Ameise ein Herz. Keine Sorge, sagte er leise zu Felizitas, dieses Problem haben wir schnell gelöst, denn zum Glück habe ich meinen Koffer mitgenommen.

Siehst du, die Plackerei hat sich doch gelohnt. Ich bezahle gut und wir bekommen alles, was wir wollen.

Gesagt, getan. Er öffnete seinen Koffer, holte eine Handvoll Geldscheine heraus und bot sie mit großzügiger Mine dem Anführer der Wüstenbewohner an. Da geschah etwas Unerwartetes: statt die Scheine erfreut anzunehmen, drehte der Scheich sie ratlos in der Hand herum, und auch die anderen Männer betrachteten sie neugierig. Aber sonst zeigten sie keine Reaktion, vor allem nicht die von Ernst erwartete. Wahrscheinlich ist ihnen das nicht genug, seufzte er. Und so übergab er ihnen schließlich – Bündel um Bündel – alle Scheine aus dem Koffer. Dennoch blieb der gewünschte Effekt aus.

Die Männer betrachteten das Geld eingehend und beratschlagten lange, und schließlich nahm der Scheich alle Scheine und warf sie einen nach dem anderen ins Feuer, wo sie mit einer schönen hellen Flamme verbrannten. Das schien ihnen Spaß zu machen.

Ernst war wie gelähmt. Er starrte erschüttert auf die Asche, die Überreste seines Vermögens, und verstand die Welt nicht mehr.

Felizitas aber wusste sofort: Die können mit deinem Geld nichts anfangen, das ist nur buntes Papier für sie.

Jetzt sind wir verloren, stöhnte Ernst. Keineswegs, entgegnete Felizitas, pass mal auf.

Und jetzt erfahren wir, was sie in der kleinen Tasche mitgenommen hatte. Sie holte eine Flöte daraus hervor. Das ist besser als Geld — diese Währung kennt jeder, zwinkerte sie Ernst zu und begann zu spielen.

Das hättet ihr sehen sollen!
Der Erfolg war umwerfend.

Diese ernsten, zurückhaltenden Wüstenmänner waren wie verzaubert. Sie lauschten verzückt den silbernen Melodien, die Felizitas ihrer Flöte entlockte. Sie konnte aber auch wirklich schön spielen!

Und als Felizitas fertig war, sah man, welche Freude die Musik ihnen gemacht hatte. Sie hießen sie herzlich willkommen und bewirteten sie reichlich. Und natürlich musste Felizitas am Abend noch einmal für sie spielen.

Es wurde ein richtiges open-air-Konzert, in das schließlich auch die Sch rt einstimmten.

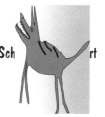

Kapitel 9

In dem sich zeigt, dass Ernst
auch recht hat,
und schließlich alles gut ausgeht.

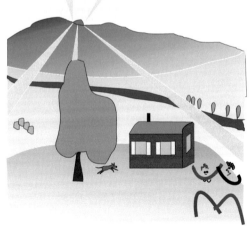

Sie waren lange zu Gast bei den Wüstenmenschen, und es gefiel ihnen sehr gut. Aber eines Tages erfasste sie große Sehnsucht nach der Heimat, und sie machten sich wieder auf den Weg.

Der Scheich gab ihnen einen Führer mit, der sie sicher zur Grenze seines Gebietes führte. Dort verlief ein breiter Fluss, den sie überqueren mussten, um in ihr Heimatland zu gelangen.

Es gab aber nur ein Boot weit und breit. Dieses gehörte einem alten Mann, der hier den Fährdienst versah.

Als sie ihn fanden, war er offensichtlich in eine tiefe Meditation versunken und schien sie nicht zu bemerken. Jedenfalls reagierte er nicht auf ihre Fragen und Bitten.

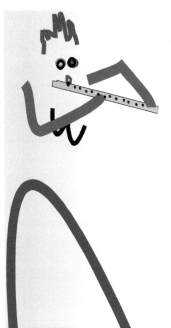

Da sagte Felizitas: Pass nur auf, das werden wir gleich haben, und holte ihre Flöte heraus. Doch so schön sie auch spielte, es nützte nichts, denn der Mann kümmerte sich nicht darum.

Sie versuchten noch dies und das – sie tanzten, sie sangen, sie baten ihn in allen Sprachen, die sie kannten, sie schmeichelten ihm und beschimpften ihn schließlich sogar.

Vergeblich.

Dann wurde es Nacht, und sie mussten im kalten Sand übernachten, ohne weitergekommen zu sein.
Dabei trennte sie nur das kleine Stück über den Fluss von der Heimat!

Jetzt war sogar   Felizitas entmutigt.

Als sie morgens verkatert und deprimiert im Sand erwachten, hatte Ernst eine Idee.
Vielleicht geht es hier einmal normal zu, sagte er zu Felizitas, die nicht verstand, was er damit meinte. Er hatte sich daran erinnert, dass er, bevor er all sein Geld bei den Wüstenmännern so nutzlos angelegt hatte, vorsichtshalber ein Bündel Geldscheine in der Hosentasche versteckt hatte – nach dem Motto: Man weiß nie, was kommt. Jetzt griff er in die Tasche und hielt dem Mann die Scheine entgegen.

Und siehe da: auf einmal erwachte dieser aus seiner Erstarrung und griff mit einem fröhlichen Lachen danach.
Er ruderte sie auch sogleich über den Fluss.

So hatten schließlich beide irgendwie recht gehabt und zu ihrer Rettung beigetragen: Felizitas mit der Kunst und Ernst mit dem Geld.   Alles zu seiner Zeit und an seinem Platz und im rechten Maß – das ist das Geheimnis eines harmonischen Lebens, und wer diese Kunst beherrscht, dem geht es gut.

Als sie nach Haus kamen, fanden sie die schöne Villa von Ernst Ameise durch die Flutkatastrophe total verwüstet. Felizitas Grilles Häuschen dagegen war verschwunden – es war davongeschwommen, weil es so leicht und klein war. Sie entdeckten es aber schnell: es stand jetzt auf einem Hügel, wo die Flut es abgesetzt hatte.

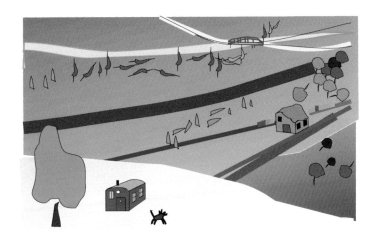

So zogen sie hier ein, nachdem sie alles sauber gemacht und instand gesetzt hatten. Unten im Tal aber, wo noch alles von Schlamm überzogen war, sahen sie die Villa von Ernst, die langsam verfiel und von Pflanzen überwuchert wurde.

Dennoch: so schön es bei ihnen hier oben auch war, Ernst wurde immer wieder niedergeschlagen, wenn er die Reste seines früheren Besitzes sah. Immerhin hatte er doch viel Geld und Kraft hineingesteckt! Oft saß er stundenlang am Abhang und starrte traurig hinunter. Man konnte aber auch wirklich trübsinnig beim Anblick dieser Zerstörung werden.

Schließlich hatte Felizitas die rettende Idee. Warum sollen wir uns das eigentlich ansehen?, sagte sie. Das ist doch nicht erfreulich!

Daher stellten sie ihr Häuschen an einen anderen Platz, von dem aus sie dorthin schauen konnten, wo sich die Natur bereits erholt hatte und es einen schönen Ausblick gab. Ernst wurde jetzt nicht mehr an das Verlorene erinnert und damit verschwanden auch seine Depressionen.

So einfach war das!

Und hätten wir mit dieser Geschichte früher aufgehört, damals als alles verloren schien, so wäre das Ende traurig gewesen.

Aber das Leben geht immer weiter,

ob wir nun mitmachen oder nicht.

Also machen wir lieber mit –

wie der Frosch, der in die Milch gefallen war:

er strampelte so lange, bis er auf der Butter saß.

So kam es doch noch zu einem happy end,

und das ist gut so, denn etwas Schöneres gibt es ja nicht!

Kapitel 10

Jetzt wird es noch einmal kritisch,
und dann kommt endgültig das gute Ende
und so eine Art Moral von dieser Geschichte

Eigentlich wäre unsere Geschichte jetzt zu Ende – happy end und Schluss damit, damit es ja so bleibt und ihr zufrieden seid. Doch in Wirklichkeit gibt es nie ein Ende in unserem Leben – jedenfalls nicht, solange wir leben. Daher geht es auch bei Felizitas und Ernst weiter, diesem ungleichen Paar.

Obwohl sie jetzt in Liebe zusammenlebten, und viel dazugelernt hatten,

blieben sie doch in ihrem Innersten diejenigen, die sie ursprünglich waren. Aber sie beeinflussten sich und förderten gegenseitig jene Eigenschaften, die ihnen am

besten gefielen. Das ist das Schöne an einer guten Partnerschaft, dass aus der gegenseitigen Annäherung eine Art Einheit entsteht, bei der du dennoch weiterhin du selbst bleibst.

Denn natürlich entstand diese Einheit nicht daraus, dass beide sich selbst aufgaben, sondern im Zusammenwirken ihrer persönlichen Eigenarten entwickelte sich etwas Neues, Gemeinsames, das keiner von ihnen, für sich allein genommen, hätte erreichen und erleben können.

So vereinigt sich die Frau mit dem Mann
und der Mann mit der Frau,
und es wird ein Mensch daraus.

So ergänzen sich Helligkeit und Dunkelheit
und schaffen gemeinsam den Tag,
so finden Anfang und Ende zusammen, und es entsteht unser Leben.

Ernst lernte von Felizitas, das Leben etwas leichter zu nehmen, und Felizitas lernte von Ernst, das Leben etwas ernster zu nehmen, und sie
bremsten sich gegenseitig immer dann, wenn einer von ihnen in seiner Art
zu extrem und einseitig werden zu drohte.

Als das Häuschen von Felizitas, das ja alles andere als solide gebaut war,
weil Felizitas nur sehr wenig Mühe darauf verwendet hatte, auseinanderzu-
fallen begann, schlug Ernst vor, ein neues, stabiles Haus zu bauen.
Er war kaum zu bremsen. Beinahe wäre er wieder in seine alte Unart ver-
fallen, denn er begann schon wieder, sich zu stressen und Tag und Nacht
zu schuften.

Aber Felizitas passte auf und erinnerte ihn an den Vorsatz, den sie beide gefasst hatten: Arbeit muss Spaß machen, alles muss aus der Freude geschehen.

So wurde der Hausbau ein reines Vergnügen für beide. Sie arbeiteten nur, wenn sie Lust hatten, und nur so viel, wie ihnen gut tat. Sie vergaßen nicht, es sich schmecken zu lassen.

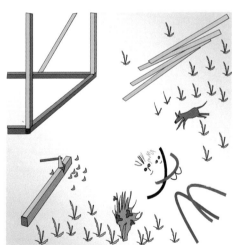

Und sie ruhten aus, wann immer ihnen danach war.

Eines Tages jedoch, als sie wieder eine Ruhepause eingelegt hatten und entspannt in der Sonne lagen, öffnete Ernst zufällig die Augen und erschrak nicht schlecht, denn ein grimmiges Gesicht beugte sich über ihn. Gleich darauf hörte er wüste Beschimpfungen.

Die wollen wir hier nicht im Einzelnen wiederholen. ...Faulpelz... unordentlich...unanständig...Schlampe... kamen unter anderem darin vor. Den Rest können wir uns denken und – schenken.
Es war der Vater von Ernst Ameise.
Er war immer ein strenger Mann gewesen. Streng aber gerecht, pflegte er von sich zu sagen. Arbeit und Ordnung und Anstand waren für ihn immer das Wichtigste gewesen, und nach diesen Prinzipien hatte er seinen Sohn erzogen.
Erinnert ihr euch daran, wie Ernst früher war, bevor er Felizitas näher kennen lernte?

Ernst sprang auf und machte sich sogleich schuldbewusst an die Arbeit. Obwohl es doch sein eigenes Haus war, das er da baute, und obwohl es den Vater überhaupt nichts anging! Aber die Furcht vor ihm steckte ihm einfach zu tief in den Knochen. Obwohl er doch längst erwachsen war. Brummend und irgendwie zufrieden darüber, dass er es seinem Sohn wieder einmal gezeigt hatte, wollte der Vater weitergehen.

Felizitas aber hielt ihn zurück und fragte ihn, ob er nicht noch eine kurze Pause machen und eine Tasse Tee mit ihr trinken wolle. Sie tat das in einem so reizenden und freundlichen Ton, dass der alte Brummkopf einfach nicht nein sagen konnte.

Sie plauderte mit ihm und versorgte ihn gastfreundlich, und nach kurzer Zeit geschah ein kleines Wunder: er begann zu lächeln. Ernst, der ihn, während er weiter arbeitete, besorgt aus dem Hintergrund beobachtete, wollte seinen Augen nicht trauen.

Felizitas hatte aber auch wirklich eine entzückende Art – ihr hättet ihr auch nicht widerstehen können.

Sie hatte ja nie das „normale" Leben der anderen Menschen mit ihren Kämpfen und Ärgereien, der Habgier und Geltungssucht geführt. Ihre Eltern hatten sie frei aufwachsen lassen und waren immer gut zu ihr gewesen. Sie hatten sie nie zu etwas gezwungen.

Warum auch?

Als sie noch ein Kind war, verletzte sie sich einmal beim Spielen und wurde von ihrer Mutter zum Arzt gebracht. Als der die Spritze bereit machte, die er ihr geben musste, sah sie ihn ganz fröhlich an. Warum strahlt das Kind denn so?, fragte er erstaunt, denn er war nur furchtsame und weinende Kinder gewöhnt. Man hat ihr bisher noch niemals weh getan, sagte ihre Mutter lächelnd. Daher hatte sie noch Vertrauen in die Menschen. Und weil ihre Eltern ihr beigebracht hatten, immer nur dorthin zu gehen, wo es ihr gut ging, und nur das zu tun, was ihr Freude machte, konnte sie sich noch freuen und Freude verbreiten. Das gefiel den Menschen, die mit ihr zusammenkamen.

Auch Ernst's Vater gefiel es. Ernst staunte – so hatte er ihn noch nie erlebt. Er kannte ihn nur als streng gegen andere und hart gegen sich selbst. Nie hatte er sich etwas gegönnt. Immer gearbeitet. Kein Vergnügen. Mein Vergnügen, pflegte er zu sagen, ist die Erfüllung meiner Pflichten. Es gibt mir ein gutes Gefühl, wenn ich meinen inneren Schweinehund überwinde. Das Leben ist nun mal so – zuerst die Arbeit, dann das Vergnügen. Aber Ernst hatte es nur selten erlebt, dass sein Vater bis zum Vergnügen gekommen war. Haben wir das nicht schon einmal gehört?

Während sie so über dies und das plauderten, wandte sich Felizitas plötzlich an ihn: Warum bist du immer so hart zu Ernst gewesen? Warum bist du so hart zu dir selbst? Diese Frage kam für ihn so überraschend, dass er – ohne zu überlegen – antwortete: Ich bin so erzogen worden, ich bin es gewöhnt. Meine Eltern waren auch so!

Die Großeltern von Ernst

Und hast du dich damit wohl gefühlt – macht es dir Freude, so zu sein? Ratet mal, was er antwortete. Ihr könnt es gleich sehen.

Jedenfalls fühlte er sich jetzt offensichtlich wohl und wurde immer vergnügter. Als Ernst diese Veränderung bei seinem Vater bemerkte, verlor er seine Furcht und hörte wieder auf zu arbeiten.

Die Stimmung wurde immer besser, und schließlich saßen sie um ein Lagerfeuer und sangen fröhliche Lieder. Zum Glück kam niemand vorbei, der Herrn Ameise sen. kannte. Die Leute hätten sich ganz schön das Maul zerrissen! Denn er war eine geachtete Persönlichkeit des öffentlichen Lebens. Vielleicht hätten sie ihn auch gar nicht erkannt, denn er sah irgendwie verjüngt aus.

Das war ein schöner Tag. Besonders für Ernst. Er fühlte sich wie befreit.

So bauten sie vergnügt weiter an ihrem Haus, und auch Felizitas arbeitete tatkräftig mit, denn es machte ihr jetzt auch Spaß, etwas Solides und Dauerhaftes zu schaffen.

Wenn sie aber einmal Lust zum Tanzen bekam, begleitete Ernst sie auf dem Akkordeon.

Jetzt empfand er das nicht mehr als Zeitverschwendung, sondern fühlte, dass es ihm gut tat.

So ließ es sich leben!
Weil sie alles nur mit Freude taten, beziehungsweise das, was ihnen keine Freude machte, erst gar nicht anfingen, gelang ihnen alles gut.

Ihr Haus wurde ein richtiges Prachtstück.

Das zeigen wir hier aber nicht, damit ihr nicht neidisch werdet,
denn wer weiß, ob ihr auch schon so entspannt seid
wie Felizitas Grille und Ernst Ameise.

PS
Ich habe eine merkwürdige Beobachtung gemacht:
wenn ich in den Spiegel schaue, erblicke ich darin an manchen Tagen
Felizitas Grille

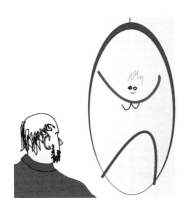 

und an anderen Ernst Ameise.

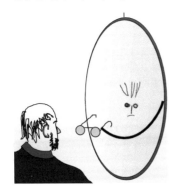 

Versteht ihr das?